CUENTOS ESCOGIDOS

(De La Literatura Universal)

VOLUMEN X

susaeta ediciones s.a.

Una historia de Navidad

ERAN dos huérfanos, niño y niña. Su padre, guardabosques, quiso un día atravesar un lago helado y se hundió muriendo en las aguas; la madre, cuando supo la noticia, no resistió el dolor y también murió de pena. Y los niños se quedaron solos, sin más compañía que un perrito.

Llegaba la Navidad y los pobres huérfanos se sentían demasiado tristes para celebrar la Nochebuena. Entonces el hermano, recordando la velada del año anterior en el castillo, dijo a su hermanita:

—Ya sé lo que vamos a hacer: vamos al castillo.

Y allá se encaminaron los dos niños acompañados de su perro. Anduvieron mucho tiempo sin divisar el castillo del conde. El frío y la ventisca no les dejaba caminar y los niños estaban muy fatigados. De repente un niño, pequeño y débil, se unió a ellos en el camino.

—¿Y tú, adónde vas? —preguntó el hermano.

—¿Tienes mucho frío? —dijo la niña reparando en sus vestidos rotos y mojados.

—Sí, tengo mucho frío —dijo llorando el niño forastero.

Y animándose mutuamente unos a otros siguieron caminando, esta vez más de prisa, y en seguida vieron el castillo. A la puerta había un valiente guerrero haciendo la guardia con su espada y su lanza, y desde la torre el vigía observaba todos los caminos.

Los niños se asomaron a una ventana del castillo y a través de ella pudieron ver el árbol encendido de Navidad cargado de regalos y de frutas escarchadas. Los niños lo estuvieron mirando un buen rato con los ojos abiertos de admiración y burlando la vigilancia de los soldados se introdujeron en el castillo por un largo corredor y llegaron a la misma sala donde se celebraba la Navidad.

Al principio nadie reparó en la presencia de aquellos niños desharrapados y hambrientos que miraban atónitos la sala encendida y el bullicio festivo de los comensales.

—¡Qué contentos nos pondríamos si nos dieran sólo una partecita de lo que vemos! —dijo el niño al forastero.

Y sonrió, pero no pudo decir nada más porque en aquel instante el conde advirtió la presencia de los niños y gritó indignado:

—¿De dónde han salido esos gitanos? ¡Fuera de aquí!

La condesa hizo ver a su esposo que estaban en Navidad y que tal vez aquellos niños estaban hambrientos y tenían mucho frío. Y sin esperar respuesta la condesa ordenó a sus criados que les dieran vestidos secos.

—¡No! ¡No!, no les daremos nada —protestaron los hijos del conde—. Todo es para nosotros.

—¿Cómo? ¿Qué? —gritó indignado el conde.

—¡Gracias! —dijo el forastero a los condes—, pero mis amigos y yo quisiéramos unos juguetes de ese árbol.

Y el conde ordenó a sus criados que les echasen fuera. Los niños lloraban suplicando, pero nadie se compadeció de ellos.

El perro les esperaba en el patio. Y apenas los vio saltó muy contento.

Los niños sintieron ahora miedo de introducirse en el bosque negro y oscuro. El forastero los tranquilizó con buenas palabras y mientras hablaba salió la luna e iluminó todos los árboles, que parecían más hermosos y radiantes que el árbol de Navidad. Los niños caminaron contentos hasta que llegaron al lago, donde se sentaron para contemplar los reflejos de la luna sobre la superficie helada.

—¡Si viniera a vernos el Niño Jesús! —suspiró la hermana, aterida de frío.

El forastero en ese instante se levantó y apareció ante los niños radiante y transfigurado como un ángel; y de repente el lago se convirtió en un magnífico palacio donde los criados eran ángeles y los vestidos de luz y de oro.

—¿Es que acaso eres tú el Niño Jesús? —preguntó la niña.

—Tú lo has dicho, y yo te digo que entraréis en el Reino de los Cielos a celebrar la mejor Navidad del mundo, porque sois huérfanos y tenéis hambre y frío.

Y los ángeles les condujeron al árbol de Navidad de los cielos y el Niño Jesús les llenó con sus manos de regalos y San Pablo les dio de comer y de beber, les llevó de paseo por los cielos para que vieran todas las maravillas y conocieran a los bienaventurados. Los niños vieron a su padre y a su madre y no se separaron más de ellos y fueron felices se olvidaron del conde y de su castillo, que quedaría abandonado para nido de lechuzas.

Un leñador, al día siguiente, encontró junto a la laguna, donde los niños habían estado descansando, unos vestiditos hechos jirones y unos zapatitos junto al perro destrozado. Y desde entonces corrió la noticia de que los niños habían sido devorados por los lobos, pero lo cierto fue que los niños se habían ido al cielo a celebrar la Nochebuena al lado de sus papás.

El acertijo de la princesa

EN un país muy lejano había una princesa que a todos sus pretendientes les proponía un acertijo que tenían que resolver si querían casarse con ella. Muchos fueron los que se presentaron a pedir su mano, pero ninguno supo descifrar el acertijo.

Un día se presentaron tres sastres y dijeron a la princesa que les propusiese su acertijo:

—Bien— dijo la princesa—, este es el acertijo: En mi cabeza hay un pelo de dos colores, ¿cuáles son estos dos colores?

—Blanco y negro —dijo el primer sastre.

—Te has equivocado —afirmó la princesa.

—No es blanco ni es negro, sino pardo y rojo como la levita que gasta mi padre —contestó el segundo sastre.

—No es esa la solución —dijo la princesa.

El tercer sastre se puso en el medio y dijo:

—La princesa tiene en la cabeza un cabello de plata y oro y esos son los dos colores del acertijo.

Al oír esto la princesa palideció, pues no quería casarse con el sastre que había adivinado su acertijo. Repuesta del susto dijo al sastre:

—Aún te falta un requisito: en el establo hay encerrado un oso. Si pretendes mi mano tendrás que dormir con ese oso, y si al amanecer estás vivo yo seré tu esposa.

—¡Estupendo! —exclamó el sastre.

Así que cayó la noche el sastre fue al establo y en cuanto vio al oso le dijo:

—Espera un momento, amigo. Yo te enseñaré buenos modales para que aprendas a vivir.

Y el sastre sacó de su casaca unas nueces y se puso tranquilamente a romperlas entre sus dientes.

—Prueba ahora tú —dijo el sastre al oso.

Y como la habitación era oscura, en lugar de nueces el sastre le dio piedrecitas, y el oso, por más que lo intentaba, no podía triturar las piedras.

—¡Vaya oso más débil! —exclamó el sastre—. Que no se diga que un oso no puede comer ya nueces.

Y el oso, herido en su amor propio, rogó al sastre que le dejase probar de nuevo, que él podía triturar piedras, cuanto más unas nueces. Y el oso lo intentó de nuevo, pero no logró triturar las piedras.

Entonces el sastre le dijo:

—Te enseñaré otra cosa.

Y el sastre sacó su violín y empezó a tocar, a tocar tanto que el oso se puso a bailar.

—Permíteme, que quiero aprender —dijo el oso haciendo ademán de coger el violín.

Y el sastre, que no temía al oso, le dejó su violín,

y el oso empezó a rascar, a rascar, pero el violín no sonaba.

—Es por tus uñas, que son demasiado largas. Mira, mételas entre estas dos tablas y yo te las cortaré un poco.

El oso introdujo sus garras entre las tablas y el sastre apretó un tornillo para dejarle allí preso. Cuando lo tuvo seguro le dijo:

—Espera un momento, que voy a por mis tijeras para cortarte las uñas.

Pero el sastre no fue a por las tijeras, sino a dormir a pierna suelta.

A la mañana siguiente vino corriendo la princesa a ver si el oso había devorado al sastre, pero el sastre salió a recibirla con cara complaciente.

—Lo espero en el palacio —dijo secamente la princesa.

Y en el palacio se celebraron las bodas del sastre y de la princesa y empezaron a amarse y fueron muy felices.

El castillo de irás y no volverás

UNA vez era un príncipe muy jugador, tan jugador que se pasaba el día entero jugando a los dados. Una vez se jugó todas sus joyas y las perdió. Entonces se le apareció un caballero vestido de negro y le regaló una bolsa llena de oro, y le dijo:

—Esta bolsa no se vacía nunca; será tuya, para siempre, si un día vienes a buscarme en un caballo negro al castillo de Irás y no Volverás.

Pasó mucho tiempo. El príncipe jugaba y jugaba, pero aunque perdía era rico, pues la bolsa siempre estaba repleta de dinero. Un día vino un criado y le dijo:

—Señor, en tus caballerizas hay un caballo negro.

El príncipe se acordó del hombre que se le había aparecido algunos años antes y fue a su caballeriza y subió al caballo negro y se dejó llevar por él.

Caminando, caminando, llegaron a un castillo. El príncipe aporreó a la puerta y no salía nadie. Entonces vio a una viejecita que se asomaba a una ventana:

—Señora —dijo el príncipe—, voy en busca del castillo de Irás y no Volverás, ¿podía indicarme el camino?

—Lo siento, joven príncipe —dijo la viejecita—, yo no conozco ese castillo.

El príncipe continuó cabalgando. Al cabo de un rato llegó a otro castillo. Una viejecita, con refajo colorado, guardaba la puerta.

—Señora —dijo el príncipe—, voy en busca del castillo de Irás y no Volverás, ¿podría indicarme el camino?

Pero la viejecita tampoco conocía el castillo de Irás y no Volverás. El príncipe montó en su caballo y fue en busca del castillo del Viento Solano, pensando que Viento Solano lo debía de saber.

—De allí vengo, precisamente —dijo el Viento Solano al príncipe—, pero no conviene que vayas, joven príncipe. Los hombres que allí van no vuelven jamás. No obstante, te daré un consejo: sigue ese camino. Más adelante encontrarás un río. En la orilla verás tres vestidos: son los vestidos de las hijas del señor del castillo de Irás y no Volverás. Las princesas acostumbran a bañarse allí y dejan su ropa bajo una adelfa. Busca la adelfa y toma uno de sus vestidos. Si aparece alguien pregúntale por dónde se va al castillo.

El príncipe oyó el consejo de Aire Solano y se fue en busca del castillo de Irás y no Volverás. Después de algún tiempo llegó el río. El príncipe buscó la adelfa y encontró tres vestidos: el primero estaba bordado en oro; en plata el segundo, y el tercero, que era el más pequeño, era de lino blanquísimo. Tomó el último y al instante vio venir a una bellísima princesa, que le dijo:

—¿Qué quieres?

—Quiero saber por dónde se va al castillo de Irás y no Volverás.

—Ese castillo es el de mi padre, pero el que entra en él no sale jamás. Sin embargo, por haber elegido mi vestido, yo te salvaré. Me llamo Blanca Flor, y soy la más pequeña de mis hermanas.

El príncipe se acercó al castillo de Irás y no Volverás y el señor del castillo le encerró en el calabozo. Blanca Flor, para salvarle, le dijo:

—En las caballerizas de mi padre hay dos caballos, uno es el del Viento y el otro es el del Elemento; coge el del Viento.

El príncipe fue a la caballeriza y al ver un caballo negro cabalgó sobre él y se llevó a la princesa.

—Te has equivocado —dijo la princesa—, y mi padre nos alcanzará con el caballo del Viento.

Después de muchas dificultades, el príncipe pudo ganar la frontera de su reino, pero perdió a Blanca Flor.

La llegada del príncipe fue acogida con grandes fiestas. Entre los invitados había una bella hechicera, la cual fue corriendo al patio del castillo y se convirtió en una bellísima princesa. Era Blanca Flor. El príncipe la presentó a sus súbditos y se casó con ella. Y fueron muy felices.

El rey pico de loro

UNA vez era una princesa vanidosa y altanera. Su padre, el rey, queriéndola casar con un príncipe, organizó en su palacio un fastuoso festejo e invitó a los soberanos de los reinos vecinos

El rey presentó a su hija los invitados y dijo a ésta que eligiese de entre ellos a su futuro marido. Pero la princesa no tuvo en cuenta el consejo de su padre y rechazó con increíble desdén a todos.

El rey, al tener noticia de esto, se irritó muchísimo y juró castigar a su hija casándola con el primer mendigo que llegara a palacio

Unos días después fue a pedir limosna un miserable vagabundo que tocaba una guitarra. El rey bajó a oírle y le dijo:

—Tu música me ha gustado y quiero darte a cambio una buena recompensa. Te casarás con mi hija.

La princesa, al conocer la determinación de su padre, comenzó a llorar y a patalear como una niña, pero de nada le valió, porque su padre le dijo que así lo había jurado y su juramento tenía que cumplirse.

El rey dijo a su hija:

—Tu deber es seguir a tu marido.

Y el mendigo y la princesa se pusieron en camino para ir a su casa.

A mitad de jornada llegaron a un bosque y la princesa preguntó:

—¿De quién será todo este bosque?

—Del rey «Pico de Loro» —respondió el mendigo.

—¡Por qué no me casaría con él! —suspiró la princesa.

Después de un breve descanso emprendieron de nuevo la marcha. Al pasar por unos campos inmensos, cubiertos de ricas mieses, la princesa preguntó de nuevo:

—¿De quién serán estos campos?

—Del rey «Pico de Loro» —contestó tranquilamente el vagabundo.

—¡Por qué no me casaría con él! —suspiró de nuevo la princesa.

Por fin llegaron a casa. La casa era una humilde choza con techo de paja.

—Esta es nuestra casa —dijo el mendigo.

—¿Cómo no han salido a recibirnos tus criados? —dijo asombrada la princesa.

—¿Criados? ¿Quién te ha dicho que yo tengo criados? Anda, déjate de tonterías y pasa, enciende ese fuego y prepara la comida y arregla la casa que vengo muerto de hambre y de cansancio.

Al día siguiente se levantaron los dos muy de mañana. Y mientras la princesa encendía el fuego el mendigo bajó al río y trajo un buen hato de mimbres. Pero la princesa no sabía hacer nada y ni siquiera comenzó un cesto.

—Verdaderamente he cargado con una nulidad ¡no sabes hacer nada! Sólo sabes llorar.

Y la princesa llora que llora.

Algún tiempo después el mendigo dijo a la princesa que el rey le había invitado a su palacio porque quería oír nuevamente el canto de su guitarra, pero que ella no se preocupase, que él la quería y la llevaría con él.

Cuando llegaron a palacio el mendigo dijo a su mujer que pasase a la cocina y que allí le esperase. Pero la princesa, al verse de nuevo en el palacio de su padre, no pudo por menos de recorrer las habitaciones engalanadas de fiesta para admirarlas. Frente al salón de los invitados la princesa vio que se abría la puerta y que un apuesto príncipe la invitaba amablemente a bailar con él. La princesa, avergonzada, rechazó la invitación de tan gallardo príncipe, pero éste le dijo:

—No lloréis, princesa, y miradme detenidamente. ¿No tiene un fiel parecido vuestro rey «Pico de Loro» con el mendigo con que os casasteis?

Y la princesa reconoció a su marido y toda la corte celebró el feliz ingenio del rey «Pico de Loro», que se disfrazó de mendigo para casarse con la princesa.

Los soldados de Pedrito

EN un pueblo muy lejano de la Ludolandia vivía un niño que soñaba con ser general, pero nunca había visto una guerra. Como toda su familia conocía la afición del chico, siempre que Pedrito —así se llamaba nuestro héroe— aprobaba sus exámenes, le obsequiaban con algún soldadito de plomo, o con un tanque de plástico, o con un avión, o con un cañón, o con otros juguetes de guerra.

Pedrito estaba muy triste porque en aquel pueblo nunca ocurría nada, por eso el pueblo ni tenía policías.

Una vez se oyeron ciertos rumores que asustaron a los pacíficos habitantes, pero que alegraron muchísimo a Pedrito, que era valiente y quería jugar, una vez al menos, a la guerra de verdad. Se trataba de una banda de forajidos que asolaban los pueblos por donde pasaban.

La campana de la iglesia dio la alarma y allá fueron todos los moradores del pueblo a refugiarse

en una cueva que había escondida en el monte. De nada sirvieron a las puertas los fuertes cerrojos y candados con que fueron atrancadas por sus propietarios, porque los forajidos lo descuartizaban todo.

Cuando todos estaban en el refugio alguien se dio cuenta de que faltaba un niño. Su familia quiso ir a buscarle, pero el alcalde lo impidió, diciendo:

—El chico es valiente y nadie tiene que preocuparse. Si se quedó en el pueblo él sabrá defenderse. No está mal, sin embargo, que le enviemos algún pequeño refuerzo.

El alcalde llamó a los mozos más fuertes que allí había y les mandó armados de estacas y palos.

Mientras tanto, Pedrito, encerrado en su cuarto de juguetes, maduraba un plan de ataque contra los forajidos. Puso dos largas filas de fusileros en vanguardia, los cañones pesados en la retaguardia y en los lugares estratégicos a los tanques. A los aviones les colgó con un hilo del techo y metió un piloto en cada uno.

Antes de ultimar su plan tuvo que guardarse en un escondite, porque los atracadores forzaron la puerta y penetraron en la casa, saqueándola toda.

Cuando los ladrones entraron en la habitación de los juguetes, como éstos estaban encantados, a una señal de Pedrito empezaron a funcionar.

Un corneta, que se había subido en lo más alto del reloj de pared, hizo sonar su trompeta de guerra. Esto sólo fue el comienzo, porque los fusileros se replegaron y cogieron entre dos fuegos a los bandidos.

La descarga fue tan espectacular que dejó boquiabiertos a los ladrones, los cuales, no sabiendo qué hacer, se dieron a la fuga. Pero en el pasillo operaron en seguida los tanques y les cerraron la retirada. Pedrito hizo una señal, y los aviones, que hasta entonces habían permanecido inactivos, hicieron sonar sus motores y se lanzaron a la carga. Por encima de las cuatro cabezotas de los bandidos pasaron volando varias veces velozmente. Estos, al verse perdidos, se echaron a tierra, pero entonces Pedrito salió de su escondite y ayudado por cuatro valientes artilleros los desarmaron y, atándoles por detrás con las maromas de un cañón, los llevaron escoltados hasta la plaza.

En este momento entraba el refuerzo que enviaba el alcalde. Los mozos, al ver a Pedrito conduciendo a los ladrones, volvieron corriendo a anunciar a todo el pueblo la hazaña de Pedrito y sus juguetes.

Los habitantes del pueblo, al oír tan grata noticia, dejaron el refugio y bajaron a todo correr para homenajear al pequeño héroe y sus juguetes.

Y cuenta la historia de la Ludolandia que el alcalde, entusiasmado con la hazaña de Pedrito, organizó grandes fiestas e hizo desfilar delante de su ayuntamiento a Pedrito vestido de general y a todo su ejército de juguetes.

Y colorín colorado, este cuento se ha terminado.

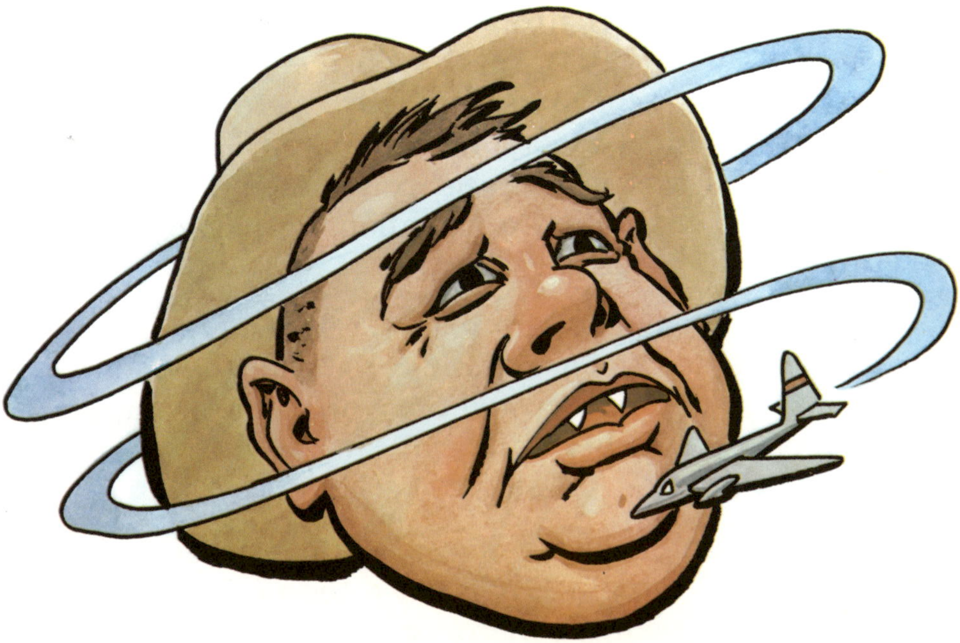

Los tres pelos del diablo

HACE muchos años un poderoso rey deseaba tener un hijo que le heredase, pero el cielo le envió una hija, tan rubia como el oro y con los ojos azules como esmeraldas.

El rey adoraba a su preciosa hija, pero pasados los años empezó a preocuparse.

—Su marido —pensaba— deberá ser un hermoso príncipe.

Por aquellos días nació un niño en una humilde cabaña del bosque. Era hijo de un pobre leñador.

El rey llamó a su adivino y consultó el porvenir de su hija y el mago le dijo que la princesa se casaría con un hijo del leñador del bosque.

El rey maldijo este augurio y se dirigió al monte, vestido de cazador.

Allí encontró a los padres del niño y les dijo:

—Sé que tienes un hijo muy trabajador y obediente y me gustaría que trabajase a mi servicio.

Los padres, aunque apenados, agradecieron al rey sus palabras y dejaron que su hijo fuese en su compañía.

El rey lo subió a la grupa de su caballo y se alejó. Cuando estuvo dentro del bosque arrojó al niño en lo hondo de un pozo profundo.

Afortunadamente el pozo estaba seco y el muchacho al caer sólo sufrió un buen golpe.

Una pastora que apacentaba su rebaño lo vio todo y con una soga sacó al niño del pozo y lo llevó a su casa para curarle las heridas. Desde aquel día el niño ayudó a la buena mujer.

Pero un día en que el rey pasó nuevamente por allí vestido de cazador, llamó al joven y obsequiándole dinero y dulces le ordenó que llevase una carta urgente a la reina. El rey escribió a su esposa que detuviese al muchacho que portaba la carta y le hiciera encarcelar.

El joven partió ignorando su destino, pero afortunadamente en el camino se encontró con un adivino, a quien preguntó el camino que debía de seguir para llegar a palacio.

Sospechó el adivino que algo extraño le ocurría al joven y le pidió la carta del rey. Después de leerla el adivino escribió otra semejante, ordenando a la reina que casase al joven con la princesa.

El adivino imitó tan bien la letra y la firma del rey que cuando la reina recibió el mensaje cumplió de inmediato la orden y al siguiente día la princesa se casó con el hijo del leñador.

Cuando el rey volvió a palacio y se enteró de lo ocurrido se enfureció. Pero como ya no había remedio y además los recién casados se amaban, llamó a su yerno y le dijo:

—Si no me traes tres pelos del diablo nunca serás mi heredero.

El joven se vio obligado a salir a buscar los tres pelos del diablo, y andando, andando, llegó al pie de un cerro, donde vio una barrera guardada por un hombre que tenía una bandera en la mano. Preguntó a éste cuál de las cuevas era la del diablo.

—Gustoso os lo diré si me decís por qué estoy aquí condenado a no moverme.

—Para contestaros tengo que encontrar la cueva del diablo.

El guardián le dijo que era la tercera de la derecha. El joven halló al diablo durmiendo y le arrancó tres pelos de la barba. El diablo se despertó y muy enfadado gritó:

—¿Qué haces aquí?

—Te lo diré si adivinas mis sueños.

—Soñé que el hombre de la entrada no podía moverse nunca...

—Así es —dijo el diablo—, pero cuando alguien llegue debe darle su bandera y marcharse.

El joven no necesitó oír más y huyó corriendo del diablo. Al hombre de la entrada le explicó lo que debía hacer y se presentó ante su suegro, el rey, y le entregó los tres pelos del diablo.

El rey, envidioso de la aventura del joven, siguió el mismo camino; pero al llegar al pie de la montaña el guarda le entregó la bandera diciéndole que la sostuviera mientras le abría. Pero el hombre lo que hizo fue huir, dejando allí al rey, donde todavía continúa purgando sus pecados, mientras que el joven leñador fue proclamado heredero y reinó feliz junto a la bella princesa.

Parábola del hombre que tenía sed

UNA vez era un hombre que viajaba por el desierto y erró el camino y se perdió y llegó a faltarle el agua. Entonces sintió una sed horrible y quiso calmarla, pero no halló fuente alguna donde pudiera beber.

De repente recuerda que cerca de allí viven tres solitarios entregados a ásperos ayunos y duras penitencias. El hombre, que se moría de sed, se encamina hacia allá y, cuando llega a la puerta del primer solitario, dice:

—Por favor, hermano; perdí el camino y la sed me devora, ¿podías darme un poco de agua para calmarla?

Y el solitario, muy solícito, desde su celda dice al viajero:

—Todo lo que tenga mi calabaza será para ti.

Pero el solitario sacude su calabaza y comprueba que está vacía.

—Lo siento, viajero —responde el solitario volviendo boca abajo su calabaza—, no queda ni una sola gota de agua.

Y el hombre, que se moría de sed, se aleja de allí bendiciendo al hombre que había querido ser generoso y no pudo.

Y desde allí el hombre que tenía sed se dirige a la otra celda del segundo solitario y le implora su caridad:

—Por favor, hermano; perdí el camino y la sed me devora, ¿podías darme un poco de agua para calmarla?

—Espera que beba yo primero —responde el segundo solitario— y si queda puedes beber hasta saciarte.

Y el segundo solitario aupó su calabaza y bebió, pero tenía tan poca agua que no quedó ni una gota para remediar la sed del pobre viajero.
—Lo siento, hermano— dice el solitario—, pero ya ves que no queda nada.

Y el hombre que tenía sed se aleja de allí llorando porque el triste solitario estaba dominado por el egoísmo.

Y desde allí el hombre que se moría de sed se dirige a la otra celda del tercer solitario y, clamando a su puerta, dice:
—Por favor, hermano: perdí el camino y la sed me devora, ¿podías darme un poco de agua para calmarla?

Y el tercer solitario, que estaba postrado por la fiebre, se levantó en seguida para recibir al viajero, y le dice:

—Mi calabaza está vacía, porque tuvo necesidad de ella el otro hermano; no obstante, si puedes esperarte un poco puedo traértela al momento.

Y sin esperar respuesta, el tercer solitario sale con su calabaza a buscarla.

Pero la roca donde el solitario acostumbraba a llenar su calabaza es escabrosa y como va minado por la fiebre y las penitencias tropieza en el camino y rueda por una pendiente quedando malherido. Sin embargo, logra levantarse, llena su calabaza y regresa a su celda con santa alegría.

—Hermano, aquí tienes tu agua, ya puedes beber hasta saciarte.

Y dicho esto expira. El hombre que se moría de sed vacía la calabaza del santo solitario y con el agua lava sus heridas y el resto lo derrama en libación de sacrificio, y no lo bebe porque, siendo el precio de una caridad tan grande, no quería él profanarlo. Y el hombre a quien devoraba la sed se marchó de allí sin probar una gota, pero alababa a Dios que hizo todas las cosas y también el agua.

Y dicen los anales de los santos solitarios que donde el viajero hizo la libación del agua brotó una fuente hermosa donde los dos solitarios vinieron a lavar, el uno, su comodidad, y el otro, su egoísmo.

Y desde entonces los dos solitarios recordaban cada día la memoria del tercero, que había comprendido el secreto de la verdadera caridad.

El asno salvaje y el lobo

EN los valles del Tíbet ocurren las cosas más peregrinas que jamás habrás oído. Ved lo que pasó una vez a un «kyang» (asno salvaje), a un lobo, a un zorro y a una liebre.

Este era un lobo hambriento que iba de un lado para otro buscando a quien devorar. De repente se encontró con un «kyang» que apenas contaba un año y quiso devorarle, pero el asno salvaje le dijo:

—¡Oh!, tío lobo, creo que no te conviene comerme ahora. Acabo de salir del invierno y estoy un poco flaco, espera hasta el otoño y ya verás qué corpulento me habré puesto. Entonces podrás comerme.

Esta respuesta pareció bien al lobo y después de hacer jurar al pobre jumento que vendría a este mismo lugar a la entrada del otoño a entrevistarse con él, le dejó marchar.

Así que transcurrió el verano y llegó el otoño, el lobo fue al encuentro del «kyang», como habían convenido. Cuando el lobo atravesaba el monte se encontró con el zorro, el cual, al ver al lobo, le dijo:

—¿A dónde vas por estos caminos, hermano lobo?

—Voy al valle donde tengo una cita con un joven «kyang», pues convinimos encontrarnos hoy para que yo le devore —respondió el lobo.

—Eso debe ser muy agradable para ti —contestó el zorro—, pero teniendo en cuenta que un «kyang» es un animal muy grande no podrás comértelo tú solo. Podrías permitirme acompañarte para compartir contigo la comida.

—Con mucho gusto, señor zorro —repuso el lobo.

Y los dos juntos emprendieron el camino. Al cabo de un rato se encuentran con una liebre que al verlos caminar tan alegres les dice:

—¿Dónde van los señores por este camino?

—Vamos al valle donde me espera un joven «kyang» —contesta el lobo—, pues convinimos encontrarnos allí hoy para que yo le devore. El señor zorro me acompaña para compartir la comida.

—¿De veras, hermano lobo? —dijo la liebre—. Cómo me gustaría acompañaros si me lo permitiérais.

—Con mucho gusto —respondió el lobo—, un «kyang» es un animal muy grande y tendremos para todos.

Y los tres juntos emprenden de nuevo el camino. En cuanto llegaron al valle vieron al jumento que estaba esperando al lobo, paciendo tranquilamente. Durante los tres meses de verano había comido tanta hierba que estaba verdaderamente hermoso y daba gusto verle con el pelo tan reluciente.

Apenas le vio el lobo, quedó gratamente complacido y empezó a relamerse.

—Bueno, hermoso «kyang» —dijo el lobo—, estoy dispuesto a devorarte cuando gustes. Me alegro de verte gordo y sano. Te presento al señor zorro y a la hermana liebre, que han venido a compartir conmigo la comida.

Dicho esto, el lobo se acurrucó para saltar sobre su presa, pero en este instante se adelantó la liebre y dijo al lobo:

—Espera un momento, hermano lobo. Es una lástima que desperdiciemos una comida tan exquisita. No está bien que mates, como de costumbre, a este hermoso «kyang» y derrames su sangre inútilmente agarrándole por el cuello, mejor sería estrangularle con una cuerda y así no se perdería ni una gota de sangre.

Al lobo le pareció una idea excelente la de la liebre y esperó a que ésta fuera a un campamento cercano y pidiera una cuerda a unos pastores para estrangular al asno.

Cuando regresó la liebre con la cuerda, dijo ésta al lobo:

—Dejadlo de mi cuenta.

Y haciendo un gran nudo corredizo para el asno dijo al lobo y al zorro:

—Vosotros poneos ahí y cuando yo os diga metéis la cabeza en la lazada correspondiente que yo haré para vosotros, a fin de que le sujetéis con vuestros cuellos y no huya el «kyang».

Y dicho y hecho, tan pronto como la cuerda estuvo lista, el lobo introdujo su cuello en la lazada que la liebre había hecho para él y el zorro en la suya, respectivamente. Después la liebre echó el lazo al cuello del «kyang» y, sujetándo el extremo con sus dientes, dijo al lobo y al zorro:

—Tirad ahora vosotros todo lo fuerte que podáis.

El asno, al sentir en el cuello la tirantez de la cuerda, dio un tirón y derribó al lobo y al zorro y les arrastró en su carrera. Y de este modo el lobo y el zorro fueron estrangulados por el asno.

El asno sacudió la cuerda de su cuello y se puso a pastar tranquilamente. La liebre dio saltos de alegría sobre el verde césped y satisfecha por haber salvado al hermoso «kyang» regresó a su cueva muy contenta

Las venticinco perlas

EL buen viejo Pedro se moría... En toda la región era conocido por su honradez y sus virtudes.

Llamó a sus dos hijos, Antonio y Juan, y les dijo:

—Hijos, voy a morir; pero antes quiero daros una noticia: En el armario de mi habitación encontraréis un estuche con veinticinco perlas, valoradas cada una en mil monedas de plata. Vuestras son, pero no abráis el cofre hasta diez días después de mi muerte.

Así habló el buen anciano, y murió.

Un vecino, llamado Leví, que era un usurero, quiso hacerse con las perlas, y pensaba: «Pedro no tasó bien el tesoro.»

Y tratando de engañar a los dos hermanos fue en su busca y les dijo:

—Mucho me alegra vuestra buena fortuna, pero sois jóvenes y nada sabéis de la malicia del mundo. Todo el pueblo sabe la existencia del estuche y su contenido, y..., quién sabe..., quizá intenten robaros...

Los dos jóvenes se miraron asustados:

—Tienes razón, pondremos a salvo el tesoro.

—¡Bien pensado! —sentenció Leví—, os aconsejo que lo entreguéis a un buen amigo.

—No me gusta tu idea —repuso Juan.

—¿Por qué?

—Tenemos la intención de vender las perlas cuando pase el tiempo ordenado por nuestro padre, y mañana se cumple el plazo...

A Leví le tembló el corazón. Si esperaba a que abrieran el estuche venderían las perlas a mayor precio.

—¿Por qué queréis venderlas?

—Para comprar tierras de cultivo.

—¡Buena idea! Yo os pago vuestro tesoro al precio de mil monedas de plata por cada perla, como las tasó vuestro padre.

Los dos hermanos, después de pensarlo, cedieron y firmaron la cesión del estuche por el precio concertado, que cobraron en el mismo instante.

Pero no había pasado una hora cuando vieron venir a Leví hecho una furia.

—¡Estafadores! —gritaba—. ¡Villanos! ¡Me habéis robado mi dinero!

—Pero, ¿qué te pasa?

—Al volver a casa abrí el estuche y sólo encontré un trozo de papel. ¿Dónde están las perlas? Vengan ellas o mi dinero.

Juan contestó serenamente:

—Cuando te entregamos el estuche admitisteis que estaba bien sellado, tal como nos lo entregó nuestro padre en su lecho de muerte.

—¡Sí!

—Reconocisteis, además, que nuestro padre era un hombre virtuoso y honrado.

—¡Ciertamente!

—Entonces, ¿cómo vas ahora a negar que estaban en el estuche las veinticinco perlas?

—¡Basta de discusiones! —se impacientó el usurero—. ¡Venga mi dinero!

—El negocio está hecho y no hay nada que hacer.

Leví salió presuroso en busca del juez y de regreso en presencia de los hermanos el juez dijo:

—Para sentenciar necesito ver el papel que había dentro del estuche.

—Aquí está, señor —dijo Leví entregándoselo.

El juez lo ojeó y leyó en voz alta:

«A mis hijos Juan y Antonio:

Queridos hijos: Yo soy muy viejo y mis días están contados. No sé cuándo me llamará la muerte, tal vez sea pronto, y por eso he querido tomar algunas disposiciones para vuestro porvenir—.

Os quiero decir que no tengo fortuna. Todo mi dinero lo di a los pobres y necesitados. Pero os dejo escritas las veinticinco enseñanzas que orientaron mi vida. Si las cumplís, seréis felices en la Tierra y en el Cielo».

Los dos hermanos, emocionados, leyeron los consejos de su buen padre y consideraron tan interesantes aquellas enseñanzas, que exclamaron:

—Ahora comprendemos bien todo. Devolveremos el dinero a Leví, porque verdaderamente hubiéramos sido necios vendiendo tan valiosa fortuna.

El juez, que era un hombre poderoso, al ver la honradez de los dos muchachos, los casó con sus hijas y los nombró herederos de sus inmensas riquezas, porque vio que ellos tenían un tesoro más valioso que el oro y la plata: El tesoro de la virtud.

El pájaro de oro

HACE muchos años vivía en el Oriente un rey muy rico que tenía un árbol que le daba manzanas de oro. Un día el labriego encargado de cuidarlo fue al rey y le dijo:

—Majestad, han robado esta noche una manzana del árbol.

—Manda a alguien que lo vigile —ordenó el rey.

Y el labriego encargó a su hijo que vigilara durante la noche. Pero el hijo no pudo resistir el sueño y se durmió. Al día siguiente el árbol amaneció con una manzana menos. El robo se repitió varias noches, sin que nadie lograra sorprender al ladrón de las manzanas de oro.

Una noche el hijo menor dijo al labriego que él era ya mayor y quería cuidar el árbol. Y su padre le dejó que lo cuidara. Y el muchacho vio a media noche que venía un pájaro, cogía una manzana y se iba con ella volando. Entonces el chico disparó una flecha y dio en el blanco, pero sólo consiguió arrancarle una pluma al misterioso pájaro. El muchacho recogió la pluma y vio que era de oro. Cuando el labriego lo contó en palacio, el rey le dijo:

—Si quieres que perdone tus lamentables descuidos tendrás que traerme ese pájaro...

El labriego, preocupadísimo, llamó a su hijo mayor y le mandó en busca del pájaro. En el camino se encontró con un zorro, el cual al ver que el muchacho le apuntaba para disparar, le dijo:

—No dispares y te daré un consejo. Cuando llegues a la aldea verás dos posadas: una, cómoda y agradable; otra, pobre y desagradable. Elige la última, yo sé por qué te lo digo.

Pero el muchacho no quiso escuchar al zorro y le disparó una flecha. Y el zorro corrió a esconderse en la espesura del bosque. Cuando el muchacho llegó a la aldea vio las dos posadas, como el zorro le había dicho, pero se hospedó en la más agradable, y allí encontró tantas distracciones que se olvidó del pájaro de oro.

Al poco tiempo el labriego envió a su segundo hijo y le sucedió lo mismo que al primero: vio al zorro, no quiso escuchar su consejo, le disparó su flecha, llegó a la aldea y se hospedó en la posada más lujosa. Y olvidó también al pájaro de oro.

Entonces el labriego envió a su tercer hijo. Este

vio al zorro y no quiso dispararle. El zorro se acercó al muchacho y le dijo:

—Monta sobre mi cola y te llevaré a la aldea.

Y el joven montó en la cola del zorro y el zorro le llevó corriendo a la aldea, y le dejó en la posada más pobre, diciéndole:

—Mañana irás al castillo negro. Allí verás a todos dormidos. El pájaro está sobre una mesa metido en una jaula de madera. Al lado hay otra jaula de oro, no intentes cambiar la de madera por la de oro. Coge al pájaro y sácalo del castillo.

El chico fue al castillo negro, pero cuando vio la jaula dorada no pudo resistir a la tentación y quiso cogerla, pero entonces el pájaro de oro empezó a dar gritos y todos se despertaron. Al ver a aquel intruso le apresaron y le llevaron al señor del castillo, el cual dijo al muchacho:

—Tráeme el caballo de oro que corre como el viento si no quieres morir ahorcado.

Cuando el muchacho se puso en camino el zorro salió a su encuentro y le dijo:

—El caballo de oro se encuentra en el castillo blanco. Tiene dos sillas: una nueva y otra vieja, toma la vieja y deja la nueva.

Pero el joven no quiso coger la silla vieja y el caballo empezó a relinchar y despertó a todos los servidores del castillo, que vinieron y le apresaron y le llevaron ante el señor del castillo:

—Haré que te corten la cabeza —dijo al muchacho— si no me traes a la hija del rey.

Y el muchacho salió en busca de la princesa. El zorro le salió al encuentro y le dijo:

—La princesa acostumbra a tomar su baño a media noche. Ve y bésale la mano y ella te segu rá adonde quieras.

—El joven obedeció al zorro y se llevó a la princesa. Al verlos, el zorro le dijo:

—Está bien. Si me obedeces tendrás princesa, caballo y pájaro. Cuando llegues al castillo blanco pedirás el caballo a cambio de la princesa y cuando subas a él sube también a la princesa y sales corriendo, nadie podrá alcanzaros. En el castillo negro pasa tú solo con el caballo y di que quieres examinar el pájaro a ver si es o no el verdadero. Cuando lo tengas en tus manos sales corriendo y te reúnes con nosotros.

El joven así lo hizo y todo salió con éxito. Y el joven regresó a palacio y entregó al rey el pájaro de oro y salvó a su padre y se casó con la princesa y fueron muy felices.

Los tres barquitos

UNA vez era un padre que tenía tres hijos. Un día el mayor de los tres hijos dijo a su padre:

—Quiero correr fortuna y ver el mundo. Dame tu bendición.

El padre le dio su bendición y le regaló un barquito de oro para que hiciera el viaje.

El muchacho navegó y navegó hasta que llegó a la ciudad de un país lejano y allí desembarcó.

Cuando encontró posada, dijo al posadero que hicieran transportar su barco hasta la posada. Y se lo trajeron.

En su primer paseo por la ciudad pasó delante del palacio del rey y vio un letrerito a la puerta que decía:

«En este palacio está escondida la hija del rey, el hombre que la encuentre se casará con ella.»

El muchacho pasó al palacio y habló con el rey.

—Bien, joven —dijo el rey—, si a los tres días no la encuentras no saldrás jamás de aquí.

Y el muchacho se puso a buscar a la princesa. Pero pasaron los tres días y no la halló. Entonces vinieron los guardias del rey y lo encerraron en el calabozo con otros muchos jóvenes que, como él, se habían arriesgado a buscar a la princesa para casarse con ella.

Al cabo de mucho tiempo el segundo hermano dijo al padre:

—Mi hermano no vuelve y yo tengo el deber de buscarlo. Dame tu bendición.

Y el padre, aunque estaba muy triste, dio la bendición a su hijo y le regaló un barquito de plata para que hiciera el viaje.

Navegando, navegando, el segundo hermano vino a parar a la misma posada donde se había hospedado su hermano. Y como vio su barquito de oro, comprendió que estaba todavía en la ciudad.

El segundo hermano salió a ver la ciudad, y al pasar por delante del palacio del rey leyó el letrerito y pasó. Y como no encontró a la princesa fue también encerrado en el calabozo.

Al cabo de unos meses, como los dos hermanos no volvían, el hijo más pequeño dijo a su padre:

—Mis hermanos no vuelven y es preciso ir a buscarlos. Dame tu bendición y yo los encontraré.

El padre, con los ojos arrasados en lágrimas, le dio su bendición y le regaló un barquito de seda para que hiciera el viaje.

Navegando, navegando, el hermano más pequeño vino a parar a la posada donde se habían hospedado sus dos hermanos. Al ver los dos barcos pensó que andarían por la ciudad y salió a ver si los encontraba.

Al pasar frente al palacio del rey y leer el letrerito comprendió que sus hermanos habían arriesgado su vida por buscar a la princesa. Y sin saber qué hacer se sentó en una piedra que allí cerca había y se puso a cavilar. Entonces vino una viejecita y le pidió una limosna:

—Te daría cuanto poseo —dijo el muchacho— si me ayudas a buscar a la princesa. Tengo tres barquitos: uno es de oro, otro de plata y el último de seda.

—Está bien —dijo la viejecita—, yo te ayudaré. Manda construir un gran loro de oro, que sea hueco y con los ojos vacíos. La peana hazla de plata. Métete dentro y hazte llevar delante de la puerta del rey.

El joven así lo hizo. El rey, apenas vio al hermoso loro a su puerta, ordenó que lo introdujeran en el palacio y quiso que lo viera la princesa. De esta manera el joven pudo observar a través de los ojos vacíos del loro dónde se escondía la hija del rey.

Aquella misma noche el joven quiso salir de su pequeño encierro, pero como el rey había dejado el loro en la habitación de la princesa, ésta vio cómo salía el joven de aquel loro. Antes de que la princesa pudiera pedir auxilio, el joven le dijo:

—He venido a liberarte. Si me prometes ayudarme te sacaré de aquí.

Y la princesa, como quería salir del encierro en que la tenía su padre, aceptó la propuesta del joven desconocido.

Al día siguiente el joven se presentó al rey para buscar a la princesa. Al tercer día el joven dio con la puerta secreta que encerraba a la princesa con dos damas.

—Está bien —dijo el rey—, has acertado, pero te falta la última prueba. Cuando se abra la puerta verás a tres doncellas; si no aciertas cuál de las tres es mi hija tienes pena de muerte.

El joven miró detenidamente a las tres doncellas y tomando de la mano a la princesa se la presentó al rey. El rey se la dio por esposa y libertó a los dos hermanos, que se casaron con las dos doncellas. Y todos fueron muy felices.

Las princesas bailarinas

UNA vez era un rcy que tenía doce hijas, las cuales dormían en doce camas diferentes en la misma habitación y cuando se iban a acostar la puerta se cerraba con doce cerrojos y doce cerraduras. Sin embargo, a la mañana siguiente, los zapatitos de las princesas aparecían desgastados, como si las princesas hubieran estado bailando toda la noche.

Esto intrigó al rey, que publicó un bando prometiendo casar con una de las princesas al que descubriera el secreto.

Muchos fueron los pretendientes, pero ninguno fue capaz de averiguar el lugar donde las princesas bailaban.

El último en presentarse fue un soldado viejo, a quien una anciana preguntó:

—¿A dónde caminas?

—Ni yo mismo lo sé —dijo el soldado—, pero me gustaría averiguar dónde bailan las doce princesas.

—Eso no es tan difícil —repuso la vieja—. Ve a palacio y procura no beber el vino que te dé una de las princesas. Cuando ella salga de tu aposento fíngete profundamente dormido. Esta capa te hará invisible para que puedas seguirlas.

La viejecita le entregó la capa y desapareció.

El soldado se presentó en palacio y fue muy bien recibido. A la noche fue llevado al aposento para que vigilara a las doce princesas bailarinas.

Mientras se acostaba vino la princesa mayor y le ofreció una copa de vino, pero él arrojó disimuladamente el líquido y no bebió ni una gota. Después se metió en su lecho y empezó a roncar como si estuviera profundamente dormido. Las doce princesas se ataviaron con sus más bellas ropas y por una trampa se fueron al baile.

El soldado vio cómo desaparecían una tras otra. Sin perder tiempo se levantó, se puso su capa y siguió a las princesas, que siguieron bajando hasta llegar a una hermosa arboleda que tenía árboles con hojas de plata. El soldado quiso llevarse un recuerdo y cortó una rama.

Luego llegaron a otra arboleda que tenía los árboles con hojas de oro y después a una tercera que tenía los árboles con hojas de diamantes. El soldado cortó una rama de cada una.

Sigueron andando hasta llegar a un gran lago. En la orilla esperaban doce barcas con doce príncipes para transportarlas a un castillo encantado que estaba en la otra orilla.

Del castillo, bellamente iluminado, salía una música muy alegre. Desembarcaron todos y se pusieron a bailar, y la danza duró toda la noche. Al amanecer los príncipes las transportaron en sus barcas a la otra orilla. Llegados de nuevo ante las escaleras del palacio el soldado se adelantó a las princesas y se metió en su lecho, quitándose la capa. Las princesas, antes de acostarse, vinieron y observaron que el soldado estaba dormido.

Expirado el plazo de los tres días, el soldado fue llamado por el rey:

—¿Dónde bailan mis doce hijas por la noche? —dijo el rey.

—En un castillo encantado con doce bellos príncipes —contestó el soldado.

Y contó al rey todo lo que había visto, mostrándole los ramos de plata, de oro y de diamantes.

El rey, después de contemplarlos, felicitó al soldado y le dijo:
—Elige tu esposa de entre mis doce hijas.

Y el soldado eligió a la mayor, que era la más inteligente. Y el rey celebró las bodas de su hija, nombrando al soldado príncipe consorte.

El zapatero y los duendes

ERASE un zapatero tan pobre, tan pobre, que sólo tenía el cuero necesario para hacer un par de zapatos. Por la noche los cortó y pensó terminarlos al siguiente día. No le preocupaba su pobreza, pues como trabajaba cuanto le era posible, sabía que, como a los pájaros y a los lirios, Dios le protegería.

Por la mañana, al levantarse, rezó sus oraciones y se puso a trabajar. Pero ¿qué había sucedido? El par de zapatos estaba hecho y luciendo sobre la mesa. Tomó los zapatos en sus manos y los examinó detenidamente: estaban tan bien hechos que no tenían puntada mala; parecían fabricados por el más exigente zapatero.

En esto entró un cliente y al ver los zapatos se quedó maravillado y pagó un alto precio sin regatear. ¡Qué maravilla! El pobre zapatero bendijo a Dios y muy contento se fue a comprar cuero suficiente para otros dos pares. Por la noche les dejó cortados y cuando a la mañana siguiente se levantó y a la hora de costumbre se dispuso a trabajar muy

animoso, nuevamente vio que los zapatos estaban terminados sobre su mesa de trabajo. Todo parecía un milagro, ni siquiera tuvo que esperar a los compradores, pues al poco rato entraron dos distinguidos señores, que se los pagaron tan generosamente que el dinero bastó para comprar abundante cuero para producir cuatro pares. Al despertar al día siguiente ocurrió el mismo fenómeno. Los cuatro pares estaban primorosamente terminados sobre su mesita. Y esto continuó repitiéndose en días sucesivos.

Una noche próxima a las Navidades el zapatero dijo a su mujer:

—¿Qué te parece si esta noche vigilamos para ver quién es el que nos ayuda con tanta generosidad?

Hacía una noche oscura y fría y las estrellas temblaban en el cielo. En el reloj de la catedral sonaron las doce y, cuidando de no hacer ruido, entraron dos pequeños duendes que saltaron a la mesa, y cogiendo entre sus manos el cuero preparado empezaron a punzar y a coser y a martillear tan hábil y rápidamente, que el zapatero estaba asombrado y boquiabierto. Nunca había visto trabajar con tanta destreza y habilidad.

La mujer del zapatero tuvo que contenerse para no gritar de júbilo. Aquellos duendecillos, ella lo sabía, eran dos ángeles venidos del cielo para ayudarles.

Los duendecillos no descansaron hasta que todo estuvo terminado; después, poniendo todo en perfecto orden, desaparecieron rápidamente.

A la mañana siguiente la mujer, que no cesaba de dar gracias a Dios, dijo al zapatero:

Los duendecillos nos han traído la fortuna y debemos mostrarles nuestro agradecimiento. Anoche pensé que tendrían frío, pues llevan sobre sus cuerpos unas ropitas muy delgadas, así es que les voy a hacer unas camisas rojas, unos chalecos y unos pantalones con galones de oro, y tú les confeccionarás unos zapatos de charol.

Al marido le pareció excelente la idea de su mujer y en la noche colocaron los regalos sobre la mesa en que los duendecillos acostumbraban a trabajar, y se escondieron para ver el resultado.

A medianoche se presentaron los duendes y se disponían a trabajar como de costumbre, pero al no encontrar cuero preparado y ver los lindos vestidos, se quedaron entusiasmados y luego comenzaron a saltar y a reir, mientras se probaban los trajecitos, y cantaban:

Somos unos chicos guapos y elegantes
y no los remendones que fuimos antes.

Y así cantando y bailando desaparecieron por la puerta y ya no volvieron más, pero el zapatero prosperó en todas sus empresas y llegó a ser un hombre riquísimo, que hizo buen uso de su fortuna.

Las hijas del leñador

ESTE era un leñador que tenía tres hijas. Un día les dijo:

—Terminad de cocer el pan y llevadme luego el almuerzo. Yo voy a cortar leña.

—¿Y dónde estarás, padre? —le preguntaron las hijas.

—Iré cortando astillas y las dejaré caer por el camino.

Y el hombre se fue. A la hora del almuerzo dice la mayor a la más pequeña:

—Toma el almuerzo y llévaselo a padre.

La niña tomó la comida y, siguiendo el rastro de las astillas, llegó donde trabajaba su padre. Pero un oso había visto lo que el leñador había hecho y fue tirando las astillas camino de su cueva. Y cuando la niña quiso regresar a casa fue a parar, como el oso lo había previsto, a su cueva.

Al día siguiente el padre volvió a decir a sus hijas que le llevasen el almuerzo y ellas no quisieron decirle que aún no había vuelto su hermana.

Y cuando llegó la hora la hermana mayor mandó a la segunda. Y la segunda hermana salió con la comida y siguiendo el rastro de las astillas llegó donde estaba su padre. Pero mientras tanto el oso cambió la dirección de las astillas y la niña fue a parar a la cueva del oso, donde se encontró con su hermanita.

Al tercer día salió la hija mayor para llevar a su padre el almuerzo y por el rastro de las astillas llegó donde trabajaba su padre, pero al regreso el oso cambió la dirección de las astillas y la niña fue a parar a la cueva con sus dos hermanitas, que estaban llorando desconsoladamente:

—¡No lloréis! —les dijo—. Yo os prometo salvaros.

Y dirigiéndose al oso le dice:

—Oye, osito, voy a preparar unos pasteles. ¿Quieres llevárselos a nuestro padre?

—¡Con mucho gusto, hermosa niña! —responde el osito.

Y la hermana mayor cogió a la pequeñita y la metió en un saco y se lo entregó al oso. Y el oso se lo cargó a la espalda y se puso en camino.

A la salida de la selva el oso se sentó a descansar un rato y, acordándose de los pasteles, exclama:

—¡Me comeré un pastelito!

—No, no, eso no puedes hacerlo. Serías un oso muy mal educado —dijo la niña desde el saco.

Y el oso creyó que era la voz de la hermana mayor la que le hablaba, y se dice:

—¡Qué chica más lista! ¡Tan lejos como estoy de ella y me oye!

Y el oso cargó con su saco y se dirigió a la aldea, pero en el camino le salieron los perros, tuvo miedo de sus dientes feroces y huyó cobardemente abandonando el saco.

Cuando regresó a la cueva la hermana mayor le dice:

—¿Qué tal te han recibido, osito? ¿No te han dicho que volvieras pronto?

—No me han dicho nada —dice el osito secamente sin atreverse a confesar lo ocurrido.

Al día siguiente va la hermana mayor y le dice otra vez:

—Osito, tienes que llevar más pasteles a mi padre.

La niña metió a la segunda hermana en el saco y se lo dio al osito para que lo llevase. Y el oso cargó con él a la espalda y se puso en camino.

A la salida del bosque el oso quiere descansar y dice:

—Voy a sentarme y a comerme un pastel.

—No, no, de ninguna manera. Tú no puedes hacer eso. ¡Serías un oso mal educado!

—¡Caramba! —dice el oso—, con esta niña no hay quien pueda. ¡Tan lejos y me oye!

Y el oso tomó su saco, se lo cargó a la espalda y se encaminó a la aldea; pero de nuevo le salieron los perros y el oso tuvo miedo a sus dientes feroces y abandonando el saco, huyó.

Cuando regresó a la cueva, le dice la niña:

—¿Qué tal te han recibido, osito? ¿Te recibieron bien? ¿Te han dado pasteles?

—Fui muy bien recibido y no lo olvidaré —mintió el osito.

Y al día siguiente la niña le dice por tercera vez:

—Mira, osito, he hecho más pasteles y tienes que llevárselos a mi padre.

Y la niña se metió ella misma en el saco y esperó a que el oso se lo echara a la espalda y se pusiera en camino. A la salida del bosque, dice en voz alta el osito:

—¡Ahora sí que me como los pasteles!

—¿Cómo? ¿Es posible que un osito tan educado como tú se atreva a hacer estas cosas?

Y el osito se avergonzó y cargó con su saco, y emprendió el camino de la aldea, pero los perros salieron a recibirle y el oso huyó abandonando el saco sin querer acordarse más de las tres niñas.

Y de esta manera las tres niñas se vieron sanas y salvas en medio de su casa, junto a su padre.

El sastrecillo astuto

TODO el reino conocía al sastrecillo Pocho.

Además de hábil y trabajador era inteligente y astuto y arreglaba fácilmente cualquier problema, por ello en su taller resolvía los difíciles problemas de cada día.

En cierta ocasión estaba cosiendo afanoso el traje de un cortesano y vio que una nube de negras moscas revoloteaba sobre un pastel que le habían regalado. Una y otra vez las espantó, pero las porfiadas moscas revoloteaban impertinentes en torno del pastel.

Y no lo pudo soportar más: dio un furioso manotazo y mató ocho moscas de un solo golpe.

Pocho quedó sorprendido de su habilidad, y pareciéndole grandiosa su hazaña tomó un trozo de tela y sobre él bordó con hilo negro esta leyenda: «Soy Pocho. De un golpe maté ocho.» Luego se puso la banda de tela sobre el pecho, tomó una alforja y se fue a correr el mundo.

Caminó varios días, llegó a una bella ciudad y se tendió a dormir sobre el césped de un parque, y cuantos pasaban por allí se detenían a leer con asombro las letras de su banda. Corrió por toda la ciudad el rumor de que había llegado un hombre que de un solo golpe había matado a ocho. Y el rey lo mandó llamar a palacio.

—Ya que fuiste capaz de matar a ocho de un golpe —le dijo el rey—, podrías hacernos un favor. Hay dos gigantes que viven en el bosque y que nos causan daños y sustos. Te ruego que vayas a matarlos. Si mataste a ocho, dos te serán poca cosa.

Pocho tembló de miedo, pero como no había modo de desmentir su fama, dijo que estaba dispuesto a servir a su majestad.

En medio del bosque, en una cueva, vivían los dos gigantes. Pocho los halló dormidos. Tomó dos piedras y, escondido entre las malezas, arrojó una a la cabeza de uno de los gigantes. Este despertó asustado, y gritó:

—¿Qué te pasa, tonto? ¡Déjame dormir!

El otro gigante protestó diciendo que él no había hecho nada, y volvió a dormirse. Entonces Pocho arrojó la otra piedra a la cara del segundo gigante.

—¡Cuidado con lo que haces! ¡Me has herido la cara, bruto!

El primer gigante se enfadó y discutieron un buen rato, hasta que de nuevo se durmieron. Pero el sastre siguió con su juego, y una vez a uno y otra vez a otro, les fue arrojando todas las piedras que pudo coger. Al fin los gigantes se enfurecieron y, levantándose, tomó cada cual su garrote y se apalearon con tanta fuerza e ira que se mataron entre sí.

Al volver a Palacio Pocho dijo al rey que su encargo había sido cumplido. Y Pocho, el sastrecito astuto, se convirtió en un personaje de leyenda.

Y el rey nuevamente le llamó y le dijo:

—¡Eres el hombre más valiente del mundo!, pero escucha bien lo que te voy a decir: Hay en el bosque un rinoceronte feroz, que ha dado muerte a muchos de mis vasallos. Si eres capaz de matarle te elevaré al rango de príncipe, te daré la mitad de mi reino y la mano de mi hija.

El sastrecito, fingiendo un valor que no tenía, se dirigió al bosque llevando una espada y una soga.

No hacía mucho que caminaba entre los árboles cuando oyó un gran rugido y sintió que el suelo se movía. Vio, con espanto, que un enorme rinoceronte avanzaba veloz. Pocho echó a correr y estaba ya a punto de caer desfallecido cuando vio interrumpido su camino por un grueso tronco. El sastrecillo decidió jugarse el todo por el todo. Se paró inmóvil al pie del tronco y esperó así al enfurecido animal. Cuando éste estaba a un metro de distancia, Pocho dio un veloz quite, y el animal fue a estrellarse contra el tronco, en el que quedó clavado su cuerno.

Pocho, con su soga, ató cuidadosamente al rinoceronte, lo sujetó al tronco y regresó a palacio.

—Majestad, acabo de vencer al rinoceronte. Podéis enviar a vuestros soldados a traer al animal, pues pesa mucho. Lo encontrarán atado a un tronco.

El rey quedó asombrado por semejante hazaña, y no tuvo más remedio que enviar a sus soldados para que trajesen al temido animal.

Cuando éstos regresaron, todo el pueblo aclamó al valiente sastrecillo y el rey le hizo príncipe, le dio la mitad de su reino y le entregó como esposa a su hija, la hermosa princesa.

El ruiseñor enamorado

UNA vez era un jardín delicioso que tenía un rosal, un árbol frondoso, un ruiseñor y un gorrión. En el rosal sólo quedaba una rosa, que era tan bella como una princesa.

—Piripí, piripí —cantaba el ruiseñor—, no he visto una rosa tan bella como la de este rosal. ¿Podré contemplarla de nuevo a otro año cuando vuelva con mi compañera? ¿Qué te parece, gorrión?

—Pi, pi, pi —contestó el gorrión—, de ninguna manera, señor ruiseñor. Las rosas duran muy poco. ¿Sabe lo que va a durar ésta? En cuanto llegue el frío se helará.

—Piripí, piripí —gritó el ruiseñor—. ¡Eso no puede ser! La rosa tiene que vivir. Yo haré lo que sea necesario y la rosa no se helará.

—Pi, pi, pi —se rió el gorrión—. ¿Y qué puede hacer el señor ruiseñor? ¿Acaso darle calor?

—Piripí, piripí —dijo el ruiseñor—. ¿Calor?, ¿calor? Yo le daré calor. No quiero que se marchite y desaparezca, ¡es la flor más hermosa que yo he visto!

—Pi, pi, pi —contestó el gorrión—. ¿Y qué calor puede darle, señor ruiseñor? ¿Acaso es más que

el hombre o el sol para darle calor?

—Piripí, piripí —cantó el ruiseñor—. ¡Le daré todo el calor de mi cuerpo!

—Pi, pi, pi —cantó el gorrión—. ¡El calor de su cuerpo, señor ruiseñor! ¡Es tan poca cosa! El calor de su cuerpo no sirve para nada.

—Piripí, piripí —repuso el ruiseñor—, yo soy tan grande como una rosa y puedo darle calor.

—Pi, pi, pi —cantó el gorrión—. ¿Y qué es una rosa comparada con el sol? Hacía falta todo el sol del verano.

Y se puso a cantar para detener al sol en el jardín. Pero el sol, recorrido su camino celeste, cayó como un globo rojo detrás de Occidente.

El ruiseñor, al ver que no lograba retener al sol, se puso muy triste y ya no quería cantar. Entonces el gorrión vino dando saltitos junto al árbol donde estaba el ruiseñor, y le dijo:

—Pi, pi, pi. ¡Animo, señor Ruiseñor! ¡Vamos a cantar los dos!

Pero el sol no volvía y como llegó la noche tuvieron que callar.

El frío de la noche le sentó muy mal a la rosa, que palideció tanto que parecía ya expirar. El ruiseñor, saltando entre la fronda del jardín, desesperado, tuvo una feliz idea:

—Piripí, piripí —llamó el gorrión—. Dirás que es una tontería, pero voy a hacer lo que te he dicho.

Y dando un pequeño vuelo vino a posarse justamente sobre la rosa, que al sentir el calor de su cuerpecillo se reanimó.

—Piripí, piripí —dijo al gorrión—. ¿Lo ves? ¡Se ha reanimado! Y se apretó más contra la flor.

—Pi, pi, pi —dijo el gorrión—. ¡Veremos lo que dura tu calor! Pero ya no oyó nada el ruiseñor, que emocionado porque la flor se había reanimado un poco, empezó a cantar, a cantar, y tanto cantaba que ni las espinas del rosal sentía que se iban clavando poco a poco en su tierno cuerpecillo.

Aburrido el gorrión porque el ruiseñor ya no conversaba con él, se fue a picotear a otra parte.

A la mañana siguiente, cuando el sol iluminó toda la tierra y volvieron a brillar las ramas del jardín, vino el gorrión a charlar con el ruiseñor, pero vio con asombro que su cuerpecillo inerte yacía sobre la arena del jardín. Se acercó a la rosa y la vio fresca y muy colorada.

¿Qué había ocurrido? Que el ruiseñor se apretó tanto contra la rosa para darle su calor que las espinas del rosal atravesaron su corazoncito y le dieron la muerte. Su sangre, generosa, tiñó de rojo las hojas de la rosa y dicen que desde entonces aquella flor pálida y rosada del jardín se convirtió en una rosa roja y fresca, como la sangre del ruiseñor.

La rana y el cuervo

UNA vez era un cuervo que fue a bañarse a una laguna y pescó una rana. Y como le gustaban mucho estos anfibios, quiso comérsela tranquilo y la llevó en su pico al tejado de una casa cercana. La rana, que era muy astuta, al verse en el caballete del tejado empezó a reírse como si le hicieran cosquillas.

—¿Por qué te ríes, hermosa rana? —dijo el cuervo.

—Por nada, pero se me estaba ocurriendo que no tardará en aparecer mi madre, pues vive en este tejado.

El cuervo comprendió que la rana podría tener razón en lo que decía y cogiéndola en su pico se trasladó al otro lado junto a un canalón. Ya iba a tragarse a la rana, cuando ésta empezó a reír nuevamente con todas sus fuerzas. Sorprendido el cuervo preguntó de nuevo a la rana:

—¿Y ahora por qué te ríes?

—Por nada. No tiene ninguna importancia, pero se me está ocurriendo que podría venir a verte mi tío, que vive bajo la última teja de este canalón.

El cuervo encontró muy razonable la respuesta

de la rana y comprendió que podía tener razón. Y, tomándola de nuevo en su pico, dio un vuelo y fue a posarse junto al brocal del pozo de un huerto apartado y tranquilo. «Aquí, sin duda, no nos molestará nadie» —pensó el cuervo.

Y se dispuso a comerse la rana. Esta, al verse ya perdida, dijo al cuervo:

—Eres hermoso, hermano cuervo, pero tienes el pico un poco embotado; creo que merece la pena que vayas a afilarlo un poco.

Y el cuervo lo encontró razonable y fue en busca de una piedra para afilar debidamente su pico. Mientras tanto la rana pudo llegar al pozo dando saltitos. El brocal era alto y por más que saltaba, la rana no llegaba arriba. «¡Es una lástima!» —pensó la rana—. Pero como más vale ingenio que fuerza, dio otro saltito y se encaramó en uno de los salientes del tronco viejo de un árbol y desde allí saltó, por fin, a lo alto del brocal.

La rana, al verse libre, respiró satisfecha y se echó al agua. En cuanto el cuervo tuvo su pico bien afilado vino en busca de la rana, pero no la halló.

Entonces se posó sobre el brocal del pozo para mirar mejor e inclinando la cabeza hacia la boca del pozo observó allá abajo la sombra de la rana.

—¡Eh! , hermosa rana —gritó el cuervo—. ¿Qué haces ahí?

—Tenía sed y bajé a beber, no te habrás molestado por eso —respondió la rana.

—No, desde luego, pero puedes subir cuando quieras, mi pico está ya afilado.

—¡Oh, hermoso cuervo! —replicó la rana—, me veo en un gran aprieto. Yo no tengo alas como tú para volar y salto menos que un topo, ¿cómo podría trepar por las paredes? ¿No será mejor que bajes tú a buscarme?

Al cuervo le parecieron estas palabras razonables, y sin encomendarse a Dios ni al diablo dio un salto y se precipitó al pozo y pereció contra el agua.

Y dicen que la rana empezó a croar tranquilamente, porque al fin se había visto libre de su enemigo.

El doctor sabelotodo

ESTE era un pobre leñador, ingenuo e ignorante, que se ganaba el sustento con la leña que cortaba en el monte. Se llamaba Cangrejo.

Un día Cangrejo fue a vender su leña al pueblo y se la compró la criada del médico, la cual le rogó que se lo llevara a la leñera.

Cuando Cangrejo entró en la casa del doctor se hallaba éste comiendo. El pobre leñador se quedó asombrado de los platos exquisitos y abundantes que se comía el doctor. Y sintió verdadera envidia.

—¡Quién fuera médico! —suspiró Cangrejo.

—¿Tú quieres ser médico? —preguntó el doctor.

—Sí, señor, pero no sé dónde tengo la mano derecha.

—No importa —dijo con sorna el doctor—, tú puedes ser médico. No tienes más que comprarte un abecedario de los que tienen un gallo pintado. Luego te haces dos trajes elegantes, pones un letrero a la puerta que diga «DOCTOR SABELOTODO» y a esperar.

El ingenuo leñador sonrió candorosamente y prometió poner en práctica el consejo del doctor. Efectivamente, fue al mercado, vendió la carreta y los bueyes con los que acarreaba la leña y con el producto se compró el abecedario y los dos trajes. Cuando estuvo en casa colocó sobre la puerta el siguiente letrero: «DOCTOR SABELOTODO».

Cierto día llegó a la casa del leñador un caballero preguntando por el doctor Sabelotodo.
—Ese soy yo —contestó Cangrejo.

El caballero expuso a Cangrejo que había sido víctima de un robo y había pensado que el doctor Sabelotodo tendría que saber dónde se encontraban los ladrones.
—No se preocupe —dijo Cangrejo—, yo, que lo sé todo, haré que usted recupere su dinero.

Y allá se fueron Cangrejo y su mujer, Margarita.

Cuando llegaron a casa del caballero se encontraron con la mesa puesta para comer.

Cuando apareció el primer camarero para servir la comida dijo Cangrejo en voz baja a su mujer:
—Margarita, ya llega el primero.

El criado lo oyó y creyó que lo decía por él, pero en realidad Cangrejo se refería al primer plato. Cuan-

do el criado volvió a la cocina dijo a sus compañeros:

—Estamos perdidos, el doctor lo sabe todo

Entró el segundo criado a servir el segundo plato y Cangrejo volvió a decir a su mujer:

—Margarita, este es el segundo.

El criado lo oyó también y volvió lleno de miedo a la cocina y contó a sus compañeros lo que había ocurrido.

Vino el tercer criado y ocurrió lo mismo. Cuando entró en el cuarto dijo el caballero:

—Doctor, por curiosidad, ¿será capaz de adivinar lo que trae en la fuente este camarero?

El pobre leñador, al verse en tal aprieto, exclamó:

—¡Pobre Cangrejo!

El criado destapó la fuente y el caballero dijo:

—Efectivamente, ¡cangrejos! Ahora comprendo por qué le llaman Sabelotodo.

El criado, preocupado de que el doctor Sabelotodo les descubriese, le hizo una señal en secreto para que se pasase por la cocina.

Cangrejo se levantó de la mesa alegando una disculpa y se fue a la cocina, donde los criados, después de confesarle el robo, le rogaron no les dela-

tase al dueño, pues estaban arrepentidos y querían devolver el dinero que le habían robado.

—Le daremos una buena recompensa si nos saca de este apuro. El doctor aceptó la proposición de los ladrones y les rogó que le indicasen dónde tenían guardado el dinero. Los ladrones se lo dijeron y Cangrejo regresó al comedor y ocupó su asiento a la mesa. En la sobremesa dijo el doctor sabelotodo:

—Y ahora vamos a ver, ¿dónde se encuentra el dinero?

Sacó su abecedario y andaba buscando la página donde viene el gallo, pero no la encontraba. Entonces dice:

—Pues estás ahí y tienes que salir.

En ese mismo instante el quinto ladrón, que se había ocultado en un armario, salió corriendo. Cangrejo indicó al dueño el lugar donde se encontraba su dinero y el caballero, agradecido por haberlo recuperado íntegramente dio una buena recompensa al doctor Sabelotodo. Los ladrones, por su parte, hicieron otro tanto, de modo que Cangrejo se vio dueño de una considerable fortuna y no tuvo necesidad de ir más veces a cortar leña al monte. Y Margarita y Cangrejo fueron muy felices.

El grano que mataba el hambre

UNA vez hubo hambre en el país de los animales, pues las nubes no querían llover, los ríos no corrían y las fuentes no manaban. Toda la tierra estaba seca. Entonces el rey de aquel país, que era el elefante, reunió a sus súbditos y les dijo:

—Hay que enviar un mensaje a Dios para que nos remedie el hambre.

—¡Que vaya Gacelita, que tiene las piernas largas y muy ágiles! —gritó la tortuga desde un rincón.

—¡Sí! ¡Que vaya Gacelita, que vaya! —gritaron todos.

Diecisiete horas estuvo corriendo Gacelita hasta que por fin llegó al monte donde Dios hablaba a los animales. El Señor, al verla, le dijo:

—Vuelve y comed el grano Negerema o «Cómeme, mamita».

La gacela volvía contenta repitiendo el nombre de Negerema, pero Arbol Gigante Espinoso se interpuso a medio camino. Gacelita saltó por encima para no herirse con las espinas, mas al caer al otro lado olvidó lo que Dios le había dicho.

Los animales, al verla regresar, se arremolinaron y la preguntaron:

—¿Qué planta nos salvará del hombre? Di, Gacelita, ¿qué te ha dicho Dios?

Pero la gacela por más que quiso recordar no pudo.

Entonces enviaron al Antílope. Y el Antílope hizo lo mismo que Gacelita, pero cuando volvía cantando el nombre de Negerema no vio al Arbol Gigante Espinoso que estaba en el camino y dio de cabeza contra el tronco y olvidó lo que Dios le había dicho.

Entonces el Elefante mandó a la Liebre y la Liebre hizo lo mismo que Gacelita y el Antílope, pero cuando se encontró con Arbol Gigante Espinoso, le dijo:

—Por tu culpa olvidó el nombre Gacelita y el Antílope, pero a mí no me engañarás.

Y saltando sobre la copa del árbol desapareció al otro lado por el sendero sin olvidar lo que Dios le había dicho.

Al verla regresar, los que quedaban con vida le dijeron:

—Al menos tú nos salvarás, ¿qué te dijo Dios?

—Lo siento —respondió la Liebre—, yo también lo he olvidado.

Pero el Elefante, conociendo que mentía y que no quería decirlo para comerlo ella sola, la estrujó con su trompa en castigo.

—Ahora me toca a mí —dijo la tortuga al Elefante.

—Sí, pero cuándo llegarás.

—No lo sé, pero yo llegaré y no olvidaré lo que Dios me diga…

Cuatro meses tardó la Tortuga en llegar al monte donde hablaba Dios.

—Señor —dijo a Dios—, los animales que Tú hiciste se mueren de hambre y los mensajeros que enviamos a Ti todos han olvidado tu mensaje.

—Bien —dijo Dios—, buscad y comed el grano Negerema y no moriréis.

—Señor —imploró la tortuga—, yo también temo olvidarlo.

Entonces el Señor le dio una campanilla para que se la atase a una pata y la ayudase a recordar el nombre.

Cuando la Tortuga se encontró con Arbol Gigante Espinoso, subió como pudo a su copa y desde allí se arrojó al otro lado, pero al golpe olvidó lo que Dios le había dicho. La campanilla atada a su pata iba diciendo: «Ti-lín, ti-lín»... Y la Tortuga, al oírlo, recordó el nombre del grano que mataba el hambre.

Los animales, al verla regresar polvorienta del camino, se acercaron a ella y la preguntaron:

—Tú nos salvarás, ¿qué te dijo Dios?

—¡Negerema, Negerema! Buscad el grano Negerema y no moriréis.

Pero los animales se reían de ella y no la creían. Entonces el Elefante la suspendió de su trompa y la arrojó a una alberca. El jabalí, al ver esto, dijo:
—No hay derecho, esto es una injusticia.

Sacaron a la tortuga y le pidieron perdón. Y los animales que la habían creído fueron a buscar el grano Negerema que había dicho Dios y se saciaron y no murieron de hambre.

El mago Zanahary

UNA vez eran siete hermanos que no tenían ni madre ni padre. El más pequeño se llamaba Faralahy y era chico y feo y sus hermanos lo maltrataban. Entonces Faralahy decidió marcharse de casa. Pero antes de dejar a sus hermanos quiso consultar a un viejo sabio.

—Quiero ir —dijo al viejo— en busca de Zanahary, el mago bueno de Madagascar.

—El viejo le dijo:

—Pues bien, fíjate en lo que te voy a decir: Cuando estés al otro lado de aquella montaña encontrarás un campo de caña de azúcar, no te acerques a él, es de Zanahary. Poco después verás un rebaño de carneros, deja que pasten tranquilos y pasa de largo, son los carneros de Zanahary. Más lejos verás un fértil valle de naranjos, no tomes ni una sola naranja, son las naranjas doradas de Zanahary. Cuando pases a la otra montaña encontrarás una pareja de bueyes, no les tires piedras, son los bueyes de Zanahary. Sigue adelante y encontrarás un fresco manantial de aguas cristalinas, no se te ocurra parar a beber, es el manantial de Zanahary.

Y cuando llegues a la casa de Zanahary, saluda a su esposa si él está fuera. Si te ofrece agua para calmar tu sed del camino, bébela, pero sin tocar la jarra.

Faralahy, después de dar las gracias al viejo, se puso en camino. Y, en efecto, vio las cañas de azúcar, los carneros, los hermosos naranjos, los dos bueyes, el manantial de Zanahary, pero no quiso tocar ni probar nada, como el viejo le había dicho, porque eran de Zanahary.

Después de vencer tantas dificultades y tentaciones llegó a la mansión de Zanahary y salió a recibirle su esposa, pues el mago no estaba en casa. Faralahy la saludó reverente y bebió de la jarra que le ofrecía una esclava abriendo la boca para recibir en ella el agua, pues no debía tocar la vasija.

Cuando llegó Zanahary preguntó al muchacho:

—¿Qué quieres de mí, Faralahy, odiado de sus hermanos?

—Yo quiero, señor, ser fuerte y hermoso para que nadie pueda despreciarme.

—¿No viste mis cañas de azúcar?

Las vi, señor, pero no las toqué.

—¿Viste mis carneros?

—Estaban paciendo y así los dejé.

—¿Pasaste por mis naranjales?

—Pasé, señor, y aunque eran muy hermosos, no me atreví a probar ni una naranja, pues eran tuyos.

—¿Y mis bueyes?

—Son hermosos, señor, pero ni una sola piedra les tiré.

—¿Qué te pareció el agua de mi manantial?

—Debe ser exquisita, señor, pero no me paré a beber.

Zanahary preguntó entonces a su esposa:

—¿Saludó al entrar?

—Sí —dijo su esposa— y con mucha reverencia.

—¿Bebió el agua sin tocar la jarra?

—Ciertamente, señor —contestó la esclava.

—Bien —dijo Zanahary—, puesto que has sabido respetar todas mis cosas te concedo lo que me has pedido.

Y en aquel instante Faralahy, que era chico y feo, se convirtió en un muchacho fuerte y hermoso.

INDICE

CUENTOS ESCOGIDOS

Referencia 001
12 títulos. Tamaño: 16 × 22 cm.
160 páginas ilustradas a todo color
Encuadernación: Cartoné
con cubierta plastificada

Editado e impreso por Susaeta, S. A. - Km. 11, Ctra. De Barcelona - Apto. 13.136
Télex: 22148 SSTA - Teléfono * 747 21 11 (cinco líneas) - MADRID-22 (España)
Depósito Legal: M- 6628-1976 - I. S. B. N.: 84-305- 0944-5 - Printed in Spain